LES

NOCES D'OR

DE

M. L'ABBÉ PIERRE RENAULT

CHANOINE HONORAIRE

CURÉ DE SAINT-FORT-SUR-GIRONDE

J. TESSIER
IMPRIMERIE DE SURGÈRES
(Charente-Inférieure)

1876

LES
NOCES D'OR
DE

M. L'ABBÉ PIERRE RENAULT

CHANOINE HONORAIRE

CURÉ DE SAINT-FORT-SUR-GIRONDE

Mgr Léon Thomas, Evêque de La Rochelle et Saintes, s'était empressé d'aller présider cette fête, dont le *Bulletin Religieux* du diocèse a ainsi rendu compte par la plume d'un témoin de la solennité.

« Avec des affiches pompeuses on obtiendra bien de tumultueuses agglomérations de spectateurs, des fêtes splendides ; mais pour arriver à tenir tous les cœurs sous l'empire d'un même sentiment, il n'y a que la Religion qui puisse opérer de ces merveilles.

« Telle était la réflexion d'une personne d'esprit, au soir de la fête présidée, le 19 septembre, à Saint-Fort-sur-Gironde, par S. G. Mgr l'Evêque de La Rochelle. Une double solennité mettait la population en émoi : on célébrait les *Noces d'or* de M. l'abbé Renault, curé de la paroisse et chanoine honoraire ; puis, Notre-Dame-des-Rosiers, renversée par un ouragan, remontait sur son piédestal, mais coulée en fonte, cette fois, et d'après un beau modèle d'Owerbeck.

« Dès le matin, la population était endimanchée et sur pied, pour saluer l'arrivée du Prélat. On se retrouvait peu après à l'église, parée avec un luxe de bon goût, pour la messe solennelle qui, au défaut du pauvre pasteur valétudinaire, fut chantée par son neveu, M. l'abbé Arsène Renault. Monseigneur était à son trône, assisté de M. Rainguet, vicaire général honoraire, et de M. le doyen de Saint-Genis. Les stalles étaient occupées par d'autres chanoines titulaires et honoraires, MM. Choisnard, Besnard, Moreau et de la Pâquerie. Des prêtres nombreux, enfants de la paroisse et formés par les soins du bon curé, étaient là, ainsi que d'anciens vicaires et d'autres prêtres du canton. La maladie avait causé plusieurs absences regrettées, entr'autres celle de M. l'abbé F. Petit, vicaire général du diocèse.

« A la fin de la messe, Mgr l'Evêque monte en chaire.

« Après avoir fait allusion aux persécutions qui, en 1830, inaugurèrent le ministère paroissial de M. l'abbé Renault et en préparèrent le succès, l'éloquent Prélat résume les travaux du bon curé, pendant les cinquante ans consacrés au Diocèse et les quarante années dont Saint-Fort a profité. Sa parole devient particulièrement attendrissante quand il dit les larmes du prêtre, larmes qui sont une prière en faveur des âmes égarées. C'est avec le même accent ému qu'il compare l'amour du bon pasteur pour les enfants à celui de Notre-Seigneur, dont le regard semble se refléter dans le regard limpide de l'enfance. Le Prélat remercie ensuite avec affection les paroissiens pour la bonne grâce de cœur avec laquelle il est toujours accueilli chez eux, et il termine en les conjurant de consoler les dernières années de celui qu'on fête, les uns par un retour sincère à la Religion, les autres par un redoublement de foi et de piété.

« Cette froide analyse ne saurait donner l'idée de la chaleur et de l'onction de cette parole épiscopale, ni de l'émotion qu'elle produit dans l'auditoire.

« M. le curé monte en chaire à son tour et mêle ses remerciements chaleureux adressés au Prélat, aux avis qu'il donne à son troupeau.

« Dans l'après-midi, on chante à Monseigneur des couplets dont les paroles et la musique avaient été inspirées par la circonstance. Un poète ami raconte la vie du vieux pasteur, en des vers souvent interrompus par les applaudissements ; un autre esquisse les traits divers de ce caractère éminemment primesautier. Puis, la parole est laissée à l'Ecole des Sœurs : une de leurs enfants remercie Sa Grandeur, en vers charmants ; une autre s'adresse au bon curé, et cela encore dans une poésie qui trahissait son auteur. (1)

« A sept heures du soir, la procession sort de l'église, défilant dans les rues de Saint-Fort, puis sur la grande route, sous des arcs de verdure, au milieu de la douce et chatoyante lumière produite par d'innombrables lanternes vénitiennes. Des chants liturgiques et des cantiques populaires tiennent en haleine les esprits et les cœurs. La foule est nombreuse, compacte ; on l'évalue à deux ou trois mille personnes. Des représentants des paroisses voisines étaient accourus, non moins avides de ces émotions religieuses. Comment organiser l'ordre ? Il s'établit cependant de lui-même, sous l'empire de cette foi profonde, de cet amour pour la Reine du ciel, et de cet empressement autour du premier Pasteur, qu'on sent partout.

---

(1) Voir ces diverses pièces à l'Appendice.

« On arrive ainsi, en chantant, aux pieds de Notre-Dame-des-Rosiers, qu'annonce au loin une ardente et mobile couronne de lanternes vénitiennes, agitées par la brise au-dessus de la tête virginale et de l'Enfant Jésus, qui semble sourire dans les bras de Marie et applaudir aux honneurs rendus à sa Mère Immaculée

« Une muraille vivante s'était instantanément formée sur l'éminence opposée à celle où s'élève la statue de Marie. Sous ces vives clartés, la foule compacte qui se presse autour de sa Mère bien-aimée présente un spectacle des plus émouvants.

« C'est au milieu de ces splendeurs que Monseigneur accomplit la cérémonie de la bénédiction et accorde quarante jours d'indulgence à quiconque priera devant la statue. Puis les rangs se reforment pour le retour à l'église. En tête défile un long et innocent cortége de jeunes filles en robe blanche, avec ceinture ou écharpe bleue. Toutes tiennent en main des oriflammes et des cierges, dont un papier aux diverses teintes protège la flamme et varie les couleurs. C'est par centaines qu'il faut compter ces feux brillants, suppléant à la lumière des étoiles ; ils forment des cordons lumineux des deux côtés de la grande route.

« En entrant dans le bourg, le spectacle change et varie à chaque maison : les portes, les fenêtres, jusqu'au pignon, versent une douce lumière, tamisée par des transparents au chiffre de Marie, et se dégageant de massifs de verdure et de fleurs. Le clocher, avec sa double couronne de feux, domine comme un géant ces gracieuses illuminations, spectacle féerique qui redouble l'entrain des chants et l'enthousiasme de tous.

« Sous le charme de ces émotions, la multitude reçoit la bénédiction du Saint-Sacrement, donnée par Monseigneur. Aussi, le vénérable Prélat s'éloignait-il, peu après, ému lui-même, au milieu des acclamations de la foule.

« Cette double fête du 19 septembre a donc été un triomphe pour la Religion, une couronne de plus déposée sur le front virginal de Marie, et pour la religieuse population une belle et bonne journée, dont les familles garderont longtemps le souvenir. »   xxx

---

Un correspondant du *Courrier des Deux-Charentes* a aussi rendu compte de la fête : Voici quelques extraits de son récit.

« Le soleil, qui ne s'était pas montré depuis fort longtemps, se leva resplendissant, comme s'il avait voulu être de la fête. La joie était peinte sur toutes les figures.

« Des oriflammes aux armes de Marie Immaculée, des banderolles aux mille couleurs, flottaient, dès l'aube, à toutes les fenêtres. Des guirlandes de verdure se balançaient, allant d'une maison à l'autre, formant des cercles gracieux garnis de rubans et de fleurs.

« La maison de Dieu, parée avec beaucoup de goût, était trop petite pour contenir tous les fidèles. La messe fut célébrée par le neveu du brave curé, qui était le modeste héros de la cérémonie du jour. Pendant la messe, un chœur, conduit avec beaucoup de talent par Mme C., se fit entendre à plusieurs reprises sous les voûtes sacrées......

« Après Sa Grandeur, le digne vieillard monta lentement en chaire, et là avec une voix affaiblie par l'âge, mais encore ferme et persuasive, il remercia ses bons paroissiens, qu'il a vu naître pour la plupart, de l'empressement avec lequel ils avaient répondu à son appel........

« Le soir, à 7 heures, une magnifique procession sortait de l'église et se dirigeait, bannière en tête, vers Notre-Dame-des-Rosiers. La petite ville était brillamment illuminée. Le clocher et la vieille église étaient étincelants. Sur tout son parcours, le cortège passait entre un double rang de lanternes vénitiennes.

« Riches et pauvres avaient rivalisé de zèle pour orner leurs maisons, voulant donner par là une preuve de leur foi et une nouvelle marque de leur respectueuse sympathie envers celui qui administre la paroisse depuis quarante ans......

APPENDICE

CANTATE [1]

Parmi nous la joie est complète,
Ô Monseigneur,
Lorsque s'étend votre houlette
Sur les brebis et le pasteur.

Ô Monseigneur, votre seule présence
Est un bienfait pour tout l'heureux bercail ;
Pour le Pasteur elle est la récompense
De cinquante ans d'un pénible travail.

Un demi-siècle a couronné sa tête
Du doux éclat qui suit l'ami de Dieu ;
Mais le troupeau célèbre aussi la fête
Des quarante ans consumés en ce lieu.

---

[1] La musique de cette cantate a été composée par Mme C... et exécutée sous la direction de sa mère.

Autour du tronc qu'épargnent les années.
Que d'oliviers sont nés qui grandiront !
Avec amour leurs branches enchaînées
D'une couronne aussi parent sont front.

Mais au vieillard qu'en ces lieux environne
Notre respect mêlé de tant d'amour,
Il manquerait la plus belle couronne,
Si le Pontife eût manqué dans ce jour.

Qu'il soit béni celui qui nous visite
Quand tant de soins le réclament ailleurs !
Des doux transports que cette fête excite
Notre Saint-Fort lui devra les meilleurs.

Brebis, agneaux et berger, tous ensemble,
De vos bontés auront long souvenir.
Sur les amis que ce beau jour rassemble
Que votre main se lève pour bénir !

ÉPITRE

Mieux que vous, Monseigneur, nul ne pourrait connaître
Les troupeaux confiés à vos soins par le Maître,
Et les chefs du troupeau ; celui qu'on fête ici
N'est point dans un brouillard qui doive être éclairci ;
Permettez cependant qu'en ma vieille mémoire
Je trouve les feuillets épars de son histoire,
Histoire un peu de tous, mais avec quelques traits
Qui font, quoique pareils, différer les portraits.

Mon vieux curé n'est point un fils de la Saintonge,
Et l'Aunis même en vain vers le Poitou s'allonge,
Il ne saura jamais atteindre Chez-Brisset
Où, voilà bien longtemps, pour nous l'enfant naissait.
Plus tard, les vents du ciel qui, détachant la graine,
La poussent à l'endroit où Dieu veut qu'elle vienne,
Ont conduit celle-ci jusqu'au sol rochelais...
Mais quel est donc celui qui nous a fait ce legs ?
Un vieux prêtre, un docteur, en sa journée austère
Délassé par les arts des soins du ministère,
Grand chantre, hébraïsant, organiste, sculpteur,
Sans livre aux écoliers expliquant leur auteur,
Qu'il fût grec ou latin... Conduit à cette école,
Le disciple un peu vieux, comme une cire molle,
Y reçut une empreinte à ne plus s'effacer,
Où de ce grand vieillard on voit les traits percer.
L'élève n'apprit rien de la mythologie,
Mais récitait du Christ la généalogie,
Et les textes sacrés, appris avec amour,
Dont ses sermons devaient être imprégnés un jour.
On parla du vieillard : l'ange de cette église
Qu'aujourd'hui votre voix sans cesse évangélise,

Monseigneur, pour une œuvre avait jeté les yeux
Sur le prêtre lorrain, qui se trouva trop vieux
Pour guider la jeunesse en sa bouillante sève ;
Le maître refusa, mais donna son élève.
De Lussac, La Rochelle acheva le travail ;
Puis, le prêtre nouveau, dans un pieux bercail,
Vint soigner en second la perle de nos îles. (1)
Tous les champs du Seigneur étaient alors fertiles :
Ce fut là le bon temps, véritable âge d'or,
Qui dans ses vieux récits souvent renait encor.
S'ils savaient leur bonheur, trop heureux les vicaires,
Surtout s'ils ont trouvé des curés débonnaires !
Mais le nôtre bientôt reçut le don fatal
D'une cure où d'abord tout fut bien, puis tout mal.
Six paroisses ou sept, terrains laissés en friche,
Etaient pauvres de foi dans un pays fort riche,
Où le nouveau pasteur dut, sans perdre de temps,
Instruire et baptiser des enfants de vingt ans,
Soigner les moribonds, visiter les familles,
Marier des époux ayant garçons et filles,
Et courir aux défunts, avant qu'un sacristain
Ne les eût inhumés sans prêtre et sans latin.

Mil-huit-cent-trente vint, sombre et sinistre aurore
Des révolutions dont nous souffrons encore.
Je ne veux point ici médire de Beauvais :
Presque tout était bon ; mais cinq ou six mauvais,
Excités par un fat, tyranneau subalterne,
Eussent mis volontiers le prêtre à la lanterne,
Dans sa cure, en ces jours qu'on nomma glorieux,
On le fit prisonnier, ne pouvant faire mieux ;
Mais un prêtre voisin, par une foule impie
Roué de coups, sanglant, tomba presque sans vie.
Enfin la liberté, dont on beuglait le nom
Vint à la dérobée entr'ouvrir sa prison :
Sous des coups de fusil, à travers bois et haies,
Il partit, de son cœur allant montrer les plaies
A deux cœurs dévoués, son unique recours :
Gaboreau, Mareschal, noms qui vivront toujours !
Et puis, pour se refaire, il eut une autre cure
Dont le malheur du temps fit une sinécure.
N'en disons pas le nom : sans doute depuis lors
Tous ces demi-païens sont convertis ou morts.
En des loisirs trop longs pour l'homme évangélique,
Le plain-chant lui fit là deviner la musique ;
Là, soumis au clavier, pour la première fois
Le bois et le laiton parlèrent sous ses doigts,
Ce n'était qu'un essai, qu'une pierre d'attente.

L'humble prêtre à Saint-Fort enfin posa sa tente ;
Il y devait compter quarante ans révolus,

---

(1) Saint-Pierre d'Oleron.

Et, s'il plait au Seigneur, beaucoup d'autres de plus.
Au prêtre ici du moins ne manqua pas l'ouvrage :
Aux forces qui manquaient suppléa le courage,
Et l'apôtre a vieilli dans ces travaux obscurs :
Purifier les uns, garder les autres purs,
Conduire les mourants à la Cité meilleure,
De nos pauvres défunts isoler la demeure,
Et plus tard l'agrandir ; consoler les vivants,
D'un amour paternel entourer les enfants,
Instruire, aimer, bénir : c'est la tâche ordinaire
De ceux à qui vos mains ouvrent le sanctuaire,
Et qui, les yeux sur vous, apprennent, Monseigneur,
Le secret de conduire avec force et douceur.
Qu'a-t-il donc fait de plus, lui faible, en sa faiblesse,
Pour que votre bonté décorât sa vieillesse ?
C'est beaucoup de vieillir ; ce n'est pas tout : oh ! non.
Ce prêtre en plus d'une œuvre aura gravé son nom.
Cet orgue qui nous fait des fêtes solennelles,
Il en fut l'architecte, et les mains fraternelles
Qui le font résonner, tout entier l'ont construit ;
Cette école où deux sœurs élèvent, loin du bruit,
L'enfance doucement au devoir entraînée,
Sous son aile grandit, sous ses regards est née ;
Notre-Dame deux fois aura vu, grâce à lui,
Son image aux Rosiers, et vos mains aujourd'hui,
Monseigneur, vont si bien établir la statue
Qu'elle ne sera plus par les vents abattue,
Et des grâces du Ciel vont l'enrichir si bien
Qu'à cet aspect béni tout cœur sera chrétien.

La prière de tous est ici ma prière :
Que la Reine du Ciel, notre divine mère,
Bénisse le Pontife et nous fasse longtemps
Jouir de ses bienfaits ; qu'en nos jours inconstants,
Par un constant amour cette humble bergerie
Soit unie à jamais sous les yeux de Marie ;
Que les enfants, toujours si chers au bon Pasteur,
Répondent pleinement aux désirs de son cœur.
Et des jours moins troublés, à sa voix accourues
A sa sainte milice il donnait des recrues ;
Un essaim d'écoliers, fleurs promettant du fruit,
Remplissaient sa maison et de joie et de bruit.
A ces vieux souvenirs plus d'un front se déride :
Demandez-le à celui qui nous fait un grand vide,
Monseigneur, par l'exil auquel l'a condamné,
Près de vous, malgré vous, un travail obstiné. (1)
Si d'autres font défaut, leur cœur reste fidèle
Au pieux rendez-vous d'une fête aussi belle ;
Sans quoi, rien n'eût manqué, Monseigneur, à ce jour
Où l'amour de nous tous répond à votre amour. A. R.

---

(1) M. Fulbert Petit, vicaire général.

COUPLETS A M. LE CURÉ

Quoi ! cinquante ans déjà passés
Dans l'œuvre du saint ministère !
Que de mérites amassés
Pendant cette longue carrière !
Qui les dira ? ce sera nous,
Nous n'en savons qu'une partie ;
Mais nous pouvons affirmer tous
Qu'à l'autre elle est bien assortie.

A commencer par les enfants,
Qui d'eux n'a reçu sa praline...
Ou sa gourmade, en divers temps,
Pour corriger l'humeur mutine ?
Chacun aussi reçoit un nom :
C'est un poupon, une poupée.
Pour faire le bien, tout est bon,
Dans la vie au bien occupée,

Dans la chaire, vous annoncez
La parole du divin Maître ;
Au saint autel, vous unissez
Ceux qu'aux fonts vous fites renaître.
Tous ont une part de vos soins,
Parents, garçons et jeunes filles,
Un conseil, des larmes, au moins,
Quand un deuil frappe les familles.

Dans le lieu saint, autres travaux :
Vous taillez le zinc et le verre :
Il en sort un orgue à tuyaux ;
Puis, une splendide verrière.
Aux jours de fête, quand vos doigts
Parcourent le clavier sonore,
Vous accompagnez de la voix,
Des chants qui sont votre œuvre encore.

Si vous aviez une santé
Au niveau de votre industrie,
De droit, vous seriez exempté
D'être un pilier d'infirmerie.
Mais vous employez les loisirs
Que vous impose la souffrance,
A créer de nouveaux plaisirs
Et des riens charmants pour l'enfance.

Pour écouter ces longs récits
Qu'un style original colore,
Nous voudrions rester assis
Près de vous, cinquante ans encore !

Mais finissons, quoique le cœur
Ait encor mainte chose à dire.
Lisez-en plus long, cher Pasteur,
Que la plume n'en peut écrire !

P. M. M,
St-Fort, 19 septembre 1876,

A MGR L'ÉVÊQUE

LES PETITES FILLES DE L'ÉCOLE

Quand du Berger on célèbre la fête,
    Des Agneaux c'est la fête aussi.
Des ans multipliés ont pesé sur la tête ;
    Légères d'ans et de souci.
Les nôtres pas encor n'ont gagné leurs conronnes,
C'est trop vrai, Monseigneur, mais pour nous rendre bonnes,
Des bénédictions qu'en ces heureux moments,
    Votre main sur la foule épanche ;
Réservez la meilleure à ce troupeau d'enfants,
    Et plus que leurs blancs vêtements
En chacune de nous l'âme deviendra blanche.

LES MÊMES A M. LE CURÉ

On nous trouva plus d'une fois
Travaillant plus des lèvres que des doigts ;
    Turbulentes, inoccupées ;
Mais puisque Monseigneur a daigné nous bénir,
    Rassurez-vous, nous allons devenir
Aussi sages que nos poupées,

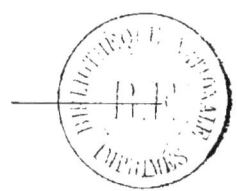

IMPRIMERIE DE SURGÈRES (Ch.-Inf) — J. TESSIER

146.

www.ingramcontent.com/pod-product-compliance
Lightning Source LLC
Chambersburg PA
CBHW061623040426
42450CB00010B/2637